DE PARIS

A

TOMBOUCTOU

EN HUIT JOURS

Par un Chemin de Fer Equatorial Français

AVEC CARTE

PRIX : 1 Fr. 50

HAVRE

IMPRIMERIE DE LA SOCIÉTÉ DES ANCIENS COURTIERS

136, Rue Victor Hugo, 136

1895

DE

PARIS A TOMBOUCTOU

EN HUIT JOURS

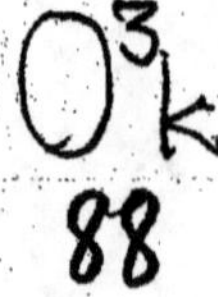

DE PARIS
A
TOMBOUCTOU

EN HUIT JOURS

Par un Chemin de Fer Equatorial Français

AVEC CARTE

PRIX : 1 Fr. 50

HAVRE

Imprimerie de la Société des Anciens Courtiers

136, Rue Victor Hugo, 136

1895

INDEX

TOMBOUCTOU

RELIÉ A

L'OCÉAN

Quand en Février 1882 le projet d'étendre la frontière Nord du Sénégal depuis St-Louis jusqu'à l'Oued Drah et de confier l'exploitation de cette côte et de son immense « Hinterland » (arrière pays) à une Compagnie Coloniale Agricole et Commerciale Française fût examiné par ordre de Monsieur JULES FERRY, par la commission des voyages et missions, celle-ci ne parvint pas à formuler une opinion.

Peu de temps après cependant l'Espagne déclara *son protectorat* sur cette dite côte et une Société *Civile Espagnole* y a depuis fondé des comptoirs, entre autres la Villa Cisneros sur la presqu'île de l'Ouro (*), tandis que plus au Nord, près du cap Djebi ou Jubi, le port Victoria des Anglais, fondé en 1875, y développe aussi ses affaires avec le Hinterland.

Un commerce d'échange s'y établit évidemment à *notre* détriment et aux dépens de *notre* influence politique, car

---

(*) La *Revista de Geografia Commercial* de Madrid, de Juillet/Septembre 1886, N° 25/30, donne une profusion de détails sur cette annexion des Espagnols et relate entre autres leurs explorations jusqu'à la Sebka d'Yzil, aujourd'hui en *leur pouvoir* ainsi qu'une *grande partie de l'Adrdr* et cela grâce à qui ?

à côté des Bibles Anglaises il doit se glisser maint fusil civilisateur.

Notre intérêt ne nous commande-t-il pas de faire le nécessaire pour sauvegarder l'avenir du Nord du Sénégal tout aussi bien que celui du Sud-Ouest de l'Algérie ?

Sur la frontière que l'Espagne nous y a créée, nous possédons l'île d'Arguin où l'initiative privée peut en un tour de main créer un nouveau St-Pierre-Miquelon, car le poisson *abonde* dans ces parages, tandis qu'en face de cet îlot, Sollerville (*) sur terre ferme pourrait devenir un New-York Africain grâce à un *chemin de fer* qui réunirait par une voie rapide, non le coude du Niger à l'*Algérie*, mais qui mettrait *tout le Soudan* en contact immédiat avec la grande voie nternationale, soit : l'*Océan*.

Le terrain à traverser y est nominalement sous notre protectorat et d'après ce que nous en savons par les récits des voyages de Panet, Vincent, et Bou-el-Moghdad, en passant par Chinguetti ou Atar, Tichit, et Oualata (**), on traverserait des terrains propres à des pâturages et à la culture.

En *vingt-quatre heures* on pourrait depuis Sollerville atteindre Tombouctou !

Quiconque a lu et étudié le livre si instructif de l'intrépide lieutenant de vaisseau Caron (***), n'a pas eu de mal à comprendre que de remonter une rivière aussi peu navigable que l'est le Sénégal et de descendre un fleuve encore si peu connu et si instable que l'est le Niger, est aujourd'hui un moyen bien *trop lent* et trop coûteux comme voie de

---

(*) Le cap Ste-Anne serait peut-être meilleure tête de ligne, à cause de son accès plus facile.

(**) D'après Monsieur Alioun Sal, sous-lieutenant indigène aux spahis sénégalais, *deux mines d'or* sont exploitées près d'Oualata. Voir *Explorations au Sénégal*, par J. Ancelle, page 208, § 4.

(***) *De St-Louis au port de Tombouctou.*

transport, pour conserver en notre pouvoir la ville de Tombouctou et dominer sans crainte en plein Soudan.

Tout le nord du Sénégal est traversé par des caravanes allant de Tombouctou au Maroc, au Port Victoria des Anglais, à la Villa Cisneros des Espagnols.

Ce courant commercial *peut*, et *doit*, être conduit à Arguin.

Cette île est admirablement placée pour servir de dépôt et centre commercial ; aussi, quand elle appartenait successivement au Portugal et à la Hollande, était-elle exploitée par leurs commerçants.

Le Portugal a même laissé ses traces assez loin dans l'intérieur, car les ruines d'un de ses forts se trouvent près d'Atar.

A quoi servent les expéditions militaires au Sénégal si l'on n'y crée pas en même temps *des routes sûres* et *surtout rapides* pour le développement du Commerce.

Le chameau des caravanes n'a-t-il pas fait son temps en Afrique, ne convient-il pas de le reléguer aux musées d'histoire naturelle, et de le remplacer par des locomotives Françaises ?

Certes, notre Gouvernement pourrait donner la concession incontestée d'une bande de terrain de 50 kilomètres de largeur depuis Sollerville à Tombouctou, et dans ces conditions il ne devra pas être bien difficile de former une *Compagnie de Chemin de fer Equatorial Français*.

Voici quelques chiffres qui pourront convaincre les capitalistes méfiants et effrayés par le gouffre encore béant du Panama, qu'un tel chemin de fer serait sans nul doute une très belle affaire et d'un intérêt national *hors ligne*, car on travaillerait *chez soi* et non sur *terrain d'autrui* comme à Suez et à Panama.

Estimant sa longueur à 1.350 kilomètres, une concession de terrain de 50 kilomètres de largeur assurerait aux concessionnaires une superficie de 67.500 kilomètres carrés, soit : 67.500 Millions de mètres carrés.

Calculés à un centime le mètre carré (fr. 100 par hectare) ces

67 1/2 Milliards de mètres carrés (*) représenteraient un capital de

675 Millions de Francs

Cela ne semble-t-il pas une garantie respectable et bien tranquillisante pour les souscripteurs !

Des ventes graduelles de cet immense terrain assureraient aux bailleurs de fonds une garantie et un service d'intérêt, tant que durera la construction et l'exploitation fructueuse de la ligne.

Le terrain pourrait aussi être cédé en bail pour des périodes à déterminer moyennant une redevance annuelle payable d'avance.

Ou bien encore, l'Etat pourrait garantir pendant cinq ans 3 0/0 du capital engagé à condition de lui laisser partager les bénéfices de l'exploitation au-delà de 4 0/0 et de lui transporter gratuitement ses troupes et son matériel, la Compagnie ayant toute liberté de fixer son tarif de transport.

Au taux de fr. 100.000 le kilomètre, *135 millions* suffiraient pour établir la voie, mais ce prix ne serait sans nul doute pas atteint.

Le trafic commercial, rien que par les produits du sol dans un pays où deux récoltes sont possibles par an, surpasserait en peu d'années toutes les prévisions, tandis que *tout le commerce d'importation* du Soudan tomberait d'un seul coup entre les mains de la France, car de Tombouctou, redevenu capitale du Soudan, on rayonnera sur *toute la fertile vallée* du Niger, où tous les produits imaginables

---

(*) 6 3/4 millions d'hectares soit environ 1/8me de la surface de la France.

peuvent être cultivés, et qui ne sera alors plus qu'à huit jours de distance de Paris.

On y est sur la route vers Say et le lac Tschad.

Grâce à une telle ligne de chemin de fer le Sénégal-Soudan deviendrait en peu d'années une colonie de peuplement.

Avec une loi, dite de *prime coloniale* (voir page 7), on réveillera l'esprit d'initiative coloniale endormi et, comme jadis nos ancêtres, la génération *actuelle* pourra reprendre plus sérieusement, *les saines idées* de colonisation pour créer de nouveaux débouchés à notre industrie et à notre commerce.

Aussi, le jour où une locomotive Française, la *Réné Caillé*, partie de Sollerville, sera venue répondre par son cri aigu au coup de sifflet de la canonnière « *Mage* » amarrée au port fluvial de Tombouctou, l'on pourra dire que dans fort peu d'années nos filatures pourront se dispenser du Coton des compatriotes de Mac Kinley, nos teinturiers de l'Indigo du Bengale, et que nos tissus de Coton, de Laine et de Soie, trouveront des débouchés incalculables sur les corps encore généralement nus des innombrables peupables du Soudan, auxquelles viendront se joindre nombre de jeunes immigrants qui fuient sans cesse la grande caserne Européenne, pour s'y adonner à la culture du *Coton*, du *Café*, des *Céréales*, de la *Canne à Sucre*, du *Tabac*, et de *tant d'autres produits* obtenables au Soudan.

Depuis que nous avons laissé les Anglais s'établir au Cap Djebi, et les Espagnols au Rio d'Oro et ailleurs, le chemin de fer proposé apparait comme une urgente nécessité pour pouvoir continuer à dominer *militairement* et *commercialement* à Tombouctou. En reliant cette ville *où le climat est excellent* par une voie rapide à la mer, soit à *tous les ports* de la France, le développement agricole et commercial de notre immense colonie marchera bientôt à pas de géant.

Grâce à lui le Niger pourra se peupler promptement de vapeurs Français, et des plantations de toutes sortes se répandront sur ses rives, car comme dit plus haut, une immigration de colons Européens ne tarderait pas à suivre la trace de nos soldats, dont l'œuvre resterait stérile, si l'élément civil demeure absent comme aujourd'hui, et cela *faute de moyens* de transport sûrs et rapides.

Pour développer les ressources inépuisables du Soudan les héroïques promenades militaires ne suffisent pas ; il *faut* y établir des chemins de fer, et suivre l'exemple des habitants des Etats-Unis, qui rien que par ce moyen, ont fait la richesse de leur pays. Il s'agit de les imiter *sans plus tarder* et acquérir ainsi à *notre pays*, des Millions de nouveaux consommateurs, comme l'ont si bien su faire les Anglais au Cap de Bonne-Espérance.

Si de plus on songe aux *deux* Transaméricains, aux Transcanadien des Anglais, aux Transsibérien des Russes, certes un Transafricain Equatorial Français, ne serait qu'un jeu d'enfant.

Notre génération serait-elle donc incapable de le faire et seront-ce donc toujours *nos rivaux*, qui ouvriront finalement *tout l'intérieur* de l'Afrique au profit de leurs Nationaux ?

Nous espérons bien que *non*, et que, quand poindra le jour de l'ouverture de notre exposition de 1900, des locomotives Françaises entreront et sortiront nombreuses de la gare de Tombouctou, le futur Paris de l'Afrique.

HAVRE, MARS 1895.

E. BUNOE

Membre du Comité de la Société de Géographie
Commerciale du Havre.

Projet d'une Loi dite de Prime Coloniale

Tout négociant Français, qui durant l'année courante, aura exporté du Sénégal en France, la plus grande quantité de produits tels que :

Arrachides, Avoine, Blé, Bêtes à cornes, Cacao, Café, Coton, Cuirs, Dattes, graines de Colza, de Coton, de Lin, Ricin et autres, Indigo, Maïs, Moutons, Laine, Orge, Poisson frais et salé, Plumes d'Autruche, Sucre de Canne, Tabac, Thé, Riz, etc, etc, touchera une prime de 10 à 50.000 fr.

Il va de soi que l'origine Sénégalo-Soudanienne des produits en question, sera à certifier par les résidents des diverses provinces qui seront créées au Senégal-Soudan.

Tout *planteur Français* des produits précités, aura également droit à une prime analogue, pour ainsi favoriser le prompt développement de grandes plantations Françaises.

Une prime de 100.000 francs sera allouée à ceux, qui auront découvert et exploité au Soudan, le premeir gisement de Diamants, Houille, Pétrole, Or, Argent, Cuivre, etc, etc, et en auront extrait une quantité à déterminer.

Vu, que la marine marchande et l'industrie nationale sucrière, doivent leur salut à la loi des primes, on peut certes s'attendre à voir de très heureux résultats suivre à un vote d'une loi dite, de Prime Coloniale.

EXTRAIT

Du Voyage de M. Léopold PANET [*]

DU SÉNÉGAL A SOUIERA (Mogador)

***

Page 403. — 24 Janvier.

Notre route traversait également de petites montagnes isolées et des chaines de collines ; l'arbre appelé « heguin » y était très abondant. Le soir nous fîmes notre halte à côté de quelques dunes de sable où nous envoyâmes faire boire nos chameaux et prendre de l'eau aux puits d'Ikhref, qui en étaient éloignés de près de trois kilomètres.

Ikhref est une montagne entourée de vallées parées d'une belle végétation et où la pâture est très abondante, ce qui fait qu'on y trouve des camps à peu près pendant toute l'année.

Page 410. — 28 Janvier.

Chinguêti est sur une vallée sablonneuse entre deux collines de sable plantées de dattiers dont les longues branches, toujours agitées par un vent continuel, s'ondulent puis se redressent majestueuses sur le tronc qui les soutient. Ces dattiers sont ensuite entourés d'admirables champs de blé et d'orge, cultivés avec un soin qui ne laisse rien à désirer, et sont arrosés par un grand puits creusé au milieu. Il suffit de puiser l'eau et de la verser devant le puits pour qu'elle circule au moyen de conduits dans

***

[*] *Revue Coloniale*, Juillet/Décembre 1850.

tout le champ. En présence de ces beaux champs, les premiers
que je rencontrais, mes pensées volaient vers la France.

Page 440. — 25 Février.

Avant de quitter Chinguéti, disons un mot sur les réflexions
que nous a inspiré son commerce.

Comme je l'ai déjà dit, ce pays fait un commerce assez actif
avec Tichit, et il s'agit de savoir quel avantage peut en retirer
le Sénégal qui n'en est éloigné que de 800 kilomètres.

Sans doute, il ne faut pas se dissimuler que toutes tentatives
d'établissement sérieux sur ce point du Sehara, seront, au moins
pour longtemps, sans succès, autant par les difficultés d'y parvenir
que pour vaincre les idées des indigènes toujours disposés à croire
que nous voulons leur enlever leur pays. Mais rien n'empêche à
des nègres musulmans du Sénégal de se transporter à Chinguéti
et à Ouadân, et de s'y établir même. D'une part leur culte sera
déjà une garantie de sûreté et de respect, autant que pour les
Arabes eux-mêmes ; de l'autre, le pays étant soumis à un gouvernement unique, ferme et régulier, un traité pourra être souscrit
entre le gouvernement du Sénégal et le chef Oulde-Aïda, lequel
traité, en allouant une redevance annuelle de cent à deux cents
pièces de guinée (1.200 ou 2.400 francs) à ce chef (cette somme
qui n'est rien pour nous, est une fortune pour ces petits rois du
Sah'ra), assurerait à nos commerçants toute sécurité et protection.
Là, nos commerçants traiteront non seulement l'or qui leur vien-
dra de Tichit, mais encore des plumes d'autruche, la gomme qui
pourra être facilement apportée de Saguiat-el-H'amra et des environs par les Oulad-Bou-S'ba' et autres tribus, les peaux de chèvres,
la laine notamment qui fait le commerce du Maroc ; car toutes ces
tribus de la côte possèdent de nombreux troupeaux de moutons à
laine, depuis les Oulad-Tidrárin jusqu'aux Ait-el-H'açan.

Page 443. — 25 Février.

Laissant là la question d'un établissement à Ségo, question
vaste de laquelle nous aurons occasion de parler bientôt et repre-
nant ce qui concerne nos marchands qui voudraient s'établir à

Adrâr, nous dirons qu'ils pourront tirer un grand profit des mines de sel de la Grande-Sebkha.

La Grande-Sebkha est le nom donné à une immense étendue de terrain renfermant du sel gemme. Il est situé sur le voisinage d'une montagne de grande étendue qui en fait la limite à l'Est, et qui est connue sous le nom d'Idjil. Placé entre Afra et Doumous, le premier occupé par les El-Baba-Hamed, le second par les Oulad-Deleim, il est à treize jours des bords de l'Océan, six jours de Chinguêti et huit de Ouadân.

Le sel y est en couches et s'étend jusqu'à 1 mètre 50 centimètres de profondeur ; des couches d'argile grise, quelquefois rouge, alternent avec le sel dont les couches les plus épaisses n'ont pas plus de 8 centimètres. Entre ces couches, on trouve des débris de corps organisés et une masse de coquilles brisées.

Le sel, très inférieur dans sa couche supérieure, devient sensiblement très beau au fond, et, dans ces dernières couches; on trouve des matières jaunes cristallisées.

Des outils fabriqués à Ouadân servent pour l'extraire, opération qui ne doit pas être difficile, s'il faut en juger d'après les faibles salaires qu'elle rapporte, et c'est là, entre autres, ce qui nous fait dire que nos commerçants pourront y retirer un bon profit. Ainsi, par exemple, les hommes spécialement employés à ce travail, qui se nourrissent eux-mêmes et apportent leurs outils, gagnent pour tout salaire une planche sur sept rendues à Chinguêti ou à Ouadân. On ne paye aucun droit pour l'exploitation.

VOYAGE

D'EXPLORATION DANS L'ADRAR

(Sahara Occidental)

par M. H. VINCENT (*), Capitaine d'état-major

Page 458. — 17 Avril.

C'est dans la partie orientale du Tiris que se trouve la grande Sebkha d'Ijil, véritable mine inépuisable de sel gemme qui a une longueur de vingt-cinq à trente kilomètres sur une largeur de dix à douze. Les couches de sel cristallisé sont au nombre de quatre : la première est à 0^m50 de la surface de sable et de vase de la Sebkha, elle a environ 0^m05 d'épaisseur, on la nomme barka (bénie) ; la deuxième est à 0^m15 de la première dont elle est séparée par une couche d'argile contenant beaucoup d'eau, elle a 0^m07 à 0^m08 d'épaisseur, on la nomme chiguigui ; la troisième 0^m15 au-dessous, prend le nom de Ten-Ouemal, elle a une épaisseur de 0^m10, on ne l'exploite pas encore : enfin la quatrième couche, nommée Tajil, a 0^m20 d'épaisseur.

L'extraction du sel coûte peu à cause de la faible profondeur à laquelle il faut atteindre pour rencontrer la première couche ; elle est faite par les Agzazir, tributaires des El-Sidi-Mohammed (Hountah), à qui la sebkha appartient de droit ; ils coupent avec de petites haches le sel, par planches d'un mètre de long sur 0^m40 de large, en font souvent des amas assez considérables pour pouvoir suffire aux demandes des caravanes, qui viennent pendant ou après la saison des pluies, quand l'eau de la sebkha ne per-

---

(*) *Revue Algérienne et Coloniale*, Octobre 1880.

met pas l'exploitation. Les Kountah se font payer en chameaux le prix de l'extraction, et par charge un droit fixe de sortie.

Cette carrière immense fournit le sel non seulement à l'Adrar, mais encore au Tagant, à Tichit, à Oualata, au Kaarta, au pays des Bambara, au Ségou, au Macina, où il acquiert une valeur considérable.

Tichit est donc un entrepôt et n'a pas de mines comme certaines cartes l'indiquent, car les gens de cet oasis ne feraient pas trente-quatre jours de marche pour se procurer le précieux minéral s'ils l'avaient chez eux. Il en est de même pour Singarin, que l'on place entre Oualata et Tombouctou. On évalue généralement à plus de 20.000 charges de chameaux le produit annuel moyen de la sebkha, ce qui, en portant la charge à 200 kilos, ferait un total de quatre millions de kilogrammes.

Près de la sebkha se trouve une montagne remarquable terminée par un plateau, c'est Igil, qui a environ quatre-vingt-dix mètres.

Les renseignements que donne Panet sur une montagne qui, partant de la sali·e, irait à sept jours de marche dans le Nord, ne sont pas exacts ; il y a bien quelques massifs peu élevés, mais ils ne forment pas chaîne et s'arrêtent à peu de distance.

Page 469. — Avril.

Nous entrons dans le pays d'Amseyga, parsemé d'éminences granitiques, légèrement rocailleux et couvert de gravier quartzeux. Le 26, à neuf heures du soir, nous entrons dans le pays d'Adrar en passant par dessus la chaîne, alors assez déprimée (trente cinq mètres) qui forme la limite O., du pays ; cette chaîne est entièrement composée de pierres plates dont les assises à découvert sont d'une horizontalité parfaite. Les pâturage sont assez abondants, l'eau est moins rare et de meilleure qualité, bientôt le terrain devient sablonneux, je rencontre dans les bas fonds des débris de quartz hyalin.

Page 473.

Le 7 Mai, arrive un des chefs influents de Tichit, Ibrahim-ould-Teyia, avec lequel j'ai un long entretien : je l'engage à venir à Saint-Louis avec son monde ; il me le promet à une condition c'est que les gens de Tichit ne seront pas rendus responsables des dettes que leurs compatriotes ont laissées à Saint-Louis.

Les commerçants de Tichit viendront surtout avec l'or, des plumes d'autruche, peut-être de l'ivoire, de la cire, des pagnes du haut pays, etc.

Page 474. — 17 Mai.

Nous avions laissé sur notre droite une mare d'eau douce que les habitants décorent du titre de lac, et sur notre gauche l'extrémité méridionale de la Chaîne d'El-Akseiba, puis nous avions traversé de nombreux monticules de sable pour arriver dans une grande plaine alternativement rocailleuse et sablonneuse, dans le prolongement de laquelle se trouve la ville d'Atar. Il n'y avait pas encore de palmiers, mais déjà la végétation y était plus riche qu'ailleurs nous trouvions des haies très hautes et très vigoureuses de pins maritimes, d'arbres épineux des herbes épaisses, la plante à soie végétale et des pastèques amères en grande quantité. Cette plaine de quinze à trente kilomètres de large, est limitée au N. par quelques bancs de quartz amorphe, de couleurs variées et vives, et les monticules de sable dont je viens de dire un mot.

Page 480.

Cette fois, nous nous trouvons entre deux chaines, celle de Tangharad et celle de Jaul, qui forme la limite O., de l'Adrar.

La vallée, de huit à neuf kilomètres de largeur alternativement rocailleuse et sablonneuse, est couverte d'une végétation qui, sans être riche, nous fait oublier l'aspect du pays sombre que nous venons de traverser ; elle court du nord au sud et se réunit à la vallée d'Atar dans le sud de cette ville, un peu au-dessous de la plantation des palmiers d'El-Cadi, où subsistent encore quelques débris des murailles qui auraient été construites par les blancs. Nous sommes à douze ou quinze kilomètres d'Atar.

Page 480 bis.

J'avais prié Sidi-Fal de m'amener un juif blanc nommé Mardochée habitant alors Atar et en relation avec El-Habib, fils de Beyrouk d'Oued-Noun (Beyrouk est mort en 1869).

Le lendemain je reçois sa visite ; il serait difficile d'exprimer la joie qu'il éprouve en voyant des blancs : c'est un vieillard à cheveux blancs, mais d'une verdeur et d'une vivacité incroyables ; il connaît les Français, car il a vu Saint-Louis (Sénégal), le Havre et Marseille. Il nous apporte des dattes fraîches, des gateaux de sa confection. En apprenant qu'Ould-Aïda, dont il paye cher la protection, ne veut pas nous laisser voir les villes, il lui a envoyé une lettre dans laquelle il se porte garant de la sincérité des Français ; de plus il répond de nous sur sa tête. Il nous engage à attendre la décision du cheickh, mais je connais trop l'entêtement de celui-ci pour passer encore quelques jours dans l'inaction. En outre, Mardochée me donne sur les villes de l'Adrar les renseignements suivants dont je puis garantir l'exactitude.

Ouadan, autrefois la plus belle ville de l'Adrar, appartenait une partie aux Kountah, l'autre aux Aïdou-el-Hadj-el-Sidi-Mahmoud, ils embrassèrent les querelles de leurs frères du Tagant ; depuis Ouadan est restée mais bien déchue, au pouvoir des Agzazir, serviteurs et tributaires des Kountah, des Emguerij et des Dheïrat tributaires. Son territoire était des meilleurs pour la culture (son nom l'indique, Ouadan, les deux rivières, rivière de science, rivière de dattes). La population forcée d'abandonner Ouadan, est allée grossir celle de Chinguêti et d'Atar. Chinguêti, qui se trouve à l'O.-S.-O. d'Oudan, quoiqu'elle ne possède pas les cultures les plus étendues, est la ville la plus considérable de l'Adrar et la plus commerçante, à cause de sa position géographique ; elle est sur le chemin de Tichit à la grande sebkha. Elle est composée de huit cents maisons ayant en moyenne, chacune, quatre ou cinq habitants, ce qui ferait une population de trois à quatre mille âmes.

Page 482.

Atar, que Panet place dans le S.S.E. de Chinguêti, est presque entièrement dans l'O. de cette ville, à environ cent kilomètres ; elle renferme cinq cents maisons, par conséquent de deux mille à deux mille cinq cents habitants, presque tous Smassit, anciens marabouts berbères dont le chef est Ahmet-Ould-Sidi-Bâba. Les Tezzougue, qui sont considérés comme leurs tributaires et leurs serviteurs, vivent avec eux. Atar est le terrain de culture par excellence.

Oujeft, qui se trouve à soixante-cinq kilomètres dans le S.S.E. d'Atar, aurait trois cent cinquante maisons, par conséquent de mille quatre cents à mille sept cent cinquante habitants Smassit et Tezzougue. Les terrains de culture d'Oujeft se prolongent dans le Sud par les plantations de palmiers de Toueyra, d'El-Medda, d'El-Hafeira, (El-Madek et Afra de Panet) et les champs de blé et de mil de Graret-el-Fras).

Enfin on remarque dans le Nord d'Atar, Kseur-Teurchan, ou village habité par les Teurchan.

Les Idey-Ghilli, tributaires, sont dispersés dans toutes les villes.

On cultive dans l'Adrar, beaucoup de palmiers, le mil, le blé, l'orge et les pastèques.

Atar possède à lui seul plus de soixante mille pieds de dattiers, récolte, année moyenne, quinze mille charges de chameaux de mil, mille charges d'orge et cinq cents de blé ; ce qui ferait en évaluant la charge à deux cents kilogrammes trois millions de kilogrammes de mil, deux cent mille kilogrammes d'orge, et cent mille de blé.

Les sédentaires, tous marabouts, anciens Berbères, formeraient une population de plus de sept mille habitants. Ils ne sont pas affranchis de la domination des guerriers comme ceux des Trarzas ; aussi, outre un tribu annuel payé à Ould-Aïda, qui ne fait rien pour eux, ils sont souvent mis à contribution par des guerriers de passage.

Page 486.

Le désert, quand on a soin de bien se garantir la tête de l'action trop directe des rayons solaires, est excessivement sain ; il nous eût été impossible, avec le régime alimentaire auquel nous étions soumis, de résister aussi longtemps dans une région humide et chaude.

Page 489.

C'est à la fin de mai que commencent les grandes chasses à l'autruche : il n'est pas besoin, comme en Algérie, d'avoir plusieurs relais de bons chevaux ; la chaleur est tellement forte qu'une autruche ne peut pas fatiguer un cheval ordinaire ; celui-ci l'a bientôt gagnée de vitesse, le guerrier peut l'approcher et tirer l'animal presque à bout portant. Une chasse à l'autruche beaucoup plus fructueuse est faite sur le littoral par les pêcheurs ouled-bou-seba. Aux fortes chaleurs, avant les pluies, les autruches viennent en troupeaux assez considérables jusque sur le bord de la mer pour se rafraîchir en battant l'eau de leurs ailes. Les pêcheurs se glissent derrière les dunes, puis de plusieurs points se montrent tout à coup en poussant des cris ; les autruches perdent la tête, se jettent à l'eau. Quand elles sont bien mouillées, les habiles nageurs les poursuivent et les tuent une à une. On m'a cité une de ces chasses qui a eu lieu dans le nord de la rivière Saint-Jean, et où il resta entre les mains des pêcheurs trente-cinq autruches ; deux d'entre elles étaient seules parvenues à s'échapper.

Page 403.

Un établissement à Arguin nous assurerait d'une façon définitive tout le commerce de la partie occidentale du Sahara, et la guerre entre les deux fractions d'une tribu n'interromprait plus le passage des caravanes, ce qui peut fort bien arriver si le désaccord se met chez les Trarza.

On y apporterait en grande quantité l'or, l'ivoire, la cire du haut pays, les plumes d'autruche, la laine des tribus qui habitent entre le Tiris et le Maroc, les cuirs de tout le Sahara, etc.

Nous trouverions dans les Ould-bou-Seda, dont le chef Mohammed-Saloum nous serait dévoué, des auxiliaires puissants indépendants des Trarza et des Ouled-Delim, et déjà habitués au contact des Européens ; on ne verrait plus les navires des Canaries venir tout en pêchant troquer avec les Maures et *enlever à nos établissements* des produits que les traités donnent à nous seuls le droit d'acheter.

Jusqu'à mon arrivée dans l'Adrar, j'avais nourri le projet de pousser jusqu'à Tichit, revenir par le Tagant, Bakel, Podor et Saint-Louis, fermant ainsi un grand polygone sur la circonférence duquel j'aurais appuyé les renseignements sur l'intérieur. J'aurais pu réaliser ce projet si je n'avais pas été arrêté comme espion pendant vingt-sept jours chez Ould-Aïda et si j'avais été bien reçu par lui.

Pendant le cours de mon voyage, j'ai toujours fait respecter le nom français, et les Maures, dont les préjugés sont enracinés, ont été étonnés de nous voir conduire avec autant d'assurance et de dignité que si nous avions eu à notre portée une colonne qui pût nous appuyer.

EXTRAIT

D'UNE RELATION DE L'EXPLORATION DE LA BAIE D'ARGUIN

(Sénégal)

par Mᵣ C. FULCRAND (*) Capitaine du Génie

L'île et la baie d'Arguin, nom rendu célèbre par le naufrage de la Méduse, ont été explorées dans le courant du mois de Septembre dernier par un navire de la station locale du Sénégal, sous la direction du capitaine du génie Fulcrand. Nous extrayons du rapport de cet officier, les passages suivants qui nous ont paru offrir de l'intérêt ;

Embarqués le 15 Septembre à Saint-Louis à bord de l'Etoile, nous n'avons pu arriver à destination que vers le commencement du mois suivant. L'Etoile a d'abord pénétré dans la baie d'Arguin en doublant le cap Blanc et s'engageant dans le chenal qui s'enfonce dans la baie du Lévrier de l'ouest à l'est et se retournant ensuite vers le sud jusqu'au cap Saint-Anne. Une heureuse navigation nous a permis de continuer notre route en chenalant toujours le long de la terre jusqu'à la pointe d'Arguin, où notre aviso a dû s'arrêter, plusieurs causes l'ayant empêché de continuer sa marche. Après avoir levé cette pointe aussi vite que possible, je pris mes dispositions pour me rendre à Arguin. Les détails circonstanciés que je tenais de la bouche même du capitaine Vincent sur l'esprit hostile qui animait Ould-Boudda chef des Ouled-bou-Sbáa, nous étaient confirmés chaque jour par Mohammed-Saloum, notre interprète. Ce maure, réfugié à Saint-Louis à la

---

(*) *Revue Maritime et Coloniale,* Mai 1861.

suite de l'assassinat de son père Ould-Boudda a usurpé l'autorité
avec le puissant appui de Mohammed-el-Nabil-cheikh des Trarza,
nous avait représenté notre exploration comme très aventureuse
et pleine de dangers ; chaque jour, à mesure que nous appro-
chions d'Arguin, il exagérait de plus en plus les périls de cette
entreprise.

Sans nous dissimuler les motifs personnels qui disposaient notre
guide à des craintes chimériques, je ne pensai pourtant pas devoir
négliger les précautions les plus ordinaires mais seulement par
acquit de conscience. Nous avons reconnu que ces parages étaient
inhabités et que nous n'avions pas à nous prémunir contre les
mauvaises dispositions que l'on supposait aux populations maures
qui fréquentent ce pays. Nous avons toujours effectué très heureu-
sement le trajet de 10 kilomètres qui séparait l'île du mouillage
de l'Etoile.

Description de l'Ile d'Arguin

L'île d'Arguin se trouve au fond du golfe de ce nom à environ 6 myriamètres du cap Blanc et à 35 myriamètres de Saint-
Louis. La distance de l'île à la terre ferme qui l'entoure en
formant une baie varie de 6 à 8 kilomètres environ. Elle fait
partie d'un groupe d'îles plus petites et à l'est desquelles elle est
située. Sa longueur est de sept kilomètres et sa largeur de quatre
kilomètres.

L'île d'Arguin a une forme allongée du nord au sud, plus
large au nord qu'au sud. La partie nord est très escarpée dans
toute son étendue de la pointe est à la pointe ouest.

Elle se compose d'un plateau dont la pointe générale est au
sud et dont l'escarpement maximum est de 10 mètres au-dessus
du niveau moyen de la mer.

Ces escarpements permettent de distinguer les couches stratifiées
de grès qui constituent le sol de la partie nord. La surface supérieure de ce plateau est formée d'une couche de grès plus friable
que les couches inférieures. Les portions les plus saillantes des
affleurements ont l'aspect de roches isolées et pleines de petites
aspérités ; en certains endroits on dirait une multitude de pierres

rugueuses éparpillées çà et là capricieusement sur une surface raboteuse.

La pente générale du plateau étant inclinée au sud on conçoit que les eaux pluviales entrainent dans cette direction les grains de grès provenant de la désagrégation de ces roches. D'un autre côté, il est permis de croire que les vents presque permanents ayant aussi cette direction, leur action sur les sables mouvants de la côte est telle que les petites dunes de sable qu'on trouve au sud de l'île se forment de cette manière.

L'île étant d'ailleurs très basse dans cette partie, elle semble avoir une tendance à s'étendre vers le sud par l'accumulation de ses sables transportés par les pluies et par les vents.

Le sol des parties basses de l'île est généralement sablonneux. On y distingue le sable jaune du désert, le sable coquillier plus blanc et plus gros et celui provenant de la désagrégation des grès qui est rougeâtre.

Le sud-ouest de l'île est la partie la plus basse et parait récemment formée de la manière indiquée ci-dessus. Le terrain était humide, on y remarquait quelques empreintes de pas de chameaux et de traces plus nombreuses d'autruches.

Au reste, cet endroit est une sorte de saline naturelle. La couche de sel observée était très faible et ne dépassait guère un demi-centimètre d'épaisseur sur le terrain le plus bas. Cette saline est séparée de la mer par un bourrelet de terre très légère qui constitue une vraie digue suivant le contour de ce côté de l'île.

Dans toute son étendue, l'île est parsemée inégalement, à des intervalles plus ou moins espacés, de dunes de coquillages fossiles. Les dunes situées sur le plateau nord sont presque aussi hautes que les escarpements les plus élevés. En ajoutant ces deux hauteurs on arrive pour le point le plus élevé de l'île, à une hauteur de 14 à 15 mètres au-dessus du niveau de la mer. Elles sont plus basses et plus petites dans le sud où elles forment des petits monticules isolés et aussi des amas continus qui couvrent une assez grande surface. Enfin, sur tout le sol de l'île sont éparpillés de petits échantillons de pierres des couleurs les plus variées : jaunes, rouges, brunes, etc., etc. Ce sont des grès, des

silex, des minerais de fer, etc., etc. Ces derniers semblent
dominer.

L'île est complètement entourée d'un banc de sable vaseux.
Ses dimensions varient beaucoup. Il est très étroit à l'est et un
peu plus large à l'ouest. Il s'étend en pointe vers le sud où se
trouvent quelques îlots ; mais c'est surtout dans le nord qu'il est
le plus considérable.

L'île d'Arguin est d'une grande stérilité. On n'y rencontre
aucun arbre, pas même un arbrisseau. Il existait encore cependant
il y a quelques années un Parkansonia (auprès des citernes) ; mais
il n'en reste plus de vestiges. Ce fait indique l'infertilité de ce
sol, car on sait la facilité avec laquelle cet arbre se reproduit au
Sénégal. On se tromperait pourtant si l'on croyait que l'île est
dépourvue de toute végétation. Sur les parties les moins basses
on trouve quelques rares plantes fourragères, qui existent en a-
bondance sur la terre ferme.

Ruines d'Arguin. — On a déjà dit que l'île, très basse dans
le sud, s'élève progressivement vers le nord où elle se termine
brusquement par un escarpement. Le fort d'Arguin avait été établi
sur un rocher de cet escarpement qui, s'avançant dans la mer
dont il est presque entouré forme la pointe est de l'île.

La position de cet établissement témoigne de l'esprit réfléchi
et sagace de ses fondateurs. Les Portugais en occupant Arguin se
plaçaient à proximité et presque au contact des tribus avec lesquelles ils désiraient entrer en relations. En choisissant cette île,
ils y avaient une défense naturelle qu'ils pouvaient augmenter facilement et ils s'y trouvaient à l'abri d'hostilités inopinées auxquelles
ils étaient exposés de la part de ces populations sauvages et
perfides.

Ce point était en outre éloigné de la route alors suivie par
les navires européens. Car si les Portugais avaient donné le noble
exemple des entreprises maritimes lointaines et aventureuses ils
avaient déjà trouvé des imitateurs qui les avaient devancés dans
le sud de leur nouvelle possession sur la côte d'Afrique.

L'établissement portugais semblait donc oublié au fond de son
golfe dont l'entrée barrée par un immense banc était justement

redoutée des navigateurs qui fréquentaient rarement ces parages dangereux. (*)

L'emplacement du fort ne pouvait être mieux choisi. La description de ses ruines le prouve suffisamment. Son enceinte, dont nous avons reconnu les traces, consistait en un gros mur extérieur. Ce mur suivait la forme demi-circulaire des bords du rocher du côté de la mer. Cette courbe est altérée dans la partie la plus orientale et sur un développement d'environ 40 mètres par une ligne polygonale composée de trois lignes droites complétant à peu de chose près cette demi-circonférence. Cela donnait à l'est quatre angles saillants très obtus : aux deux saillants les plus méridionaux devaient se trouver deux petits demi-bastions. Tous les côtés avaient des faces et des flancs variant de deux à quatre mètres. Le demi-bastion sud-est au lieu d'avoir son flanc nord rectiligne était rattaché à la courtine de ce petit front par une tour débordant sa face principale d'environ deux mètres.

L'enceinte était formée par une espèce de front bastionné des plus irréguliers et tourné vers l'ouest du côté de l'île.

Ce front se composait d'un demi-bastion (nord-ouest) dont la face nord se raccordait avec la partie demi-circulaire de l'enceinte et dont la face ouest avait 15 mètres de longueur et le flanc environ la moitié de cette longueur. Mais à partir de ce rentrant la courtine distincte d'abord, est à présent tout à fait ensevelie sous les décombres informes. Des ruines accumulées vers le sud ne permettent de voir que des vestiges douteux d'une tour qui devait flanquer le front ouest et le sud de l'enceinte demi-circulaire à laquelle elle est liée.

L'œil chercherait en vain les traces des logements, des bâtiments et de la citerne qui devaient se trouver dans le fort.

Au milieu des restes des fondations dont une partie existe encore, on peut distinguer les traces des diverses maçonneries employées dans cette construction. La majeure partie des murs paraît avoir été construite en bonne maçonnerie de mœllons de grès trouvés dans l'île, en bonnes briques blanches et rouges.

(*) N.-B. — D'après M. Ch. Soller, un chenal de 9 mètres de profondeur conduit à l'île d'Arguin.

Cependant on voit des restes de maçonnerie en pierres basaltiques semblables à celles de Gorée. On trouve aussi des pierres calcaires parmi les décombres. A marée basse, on voit au pied de l'escarpement est quelques morceaux de marbre blanc et des blocs assez considérables de maçonnerie de diverses espèces, surtout de briques.

Une partie de l'escarpement a même été garantie de l'action destructive de la mer par de bons murs de soutènement en sous-œuvre construits en maçonnerie de briques et de mœllons. Des portions assez notables de ces murs existent encore. La solidité et la dureté de maçonnerie, ainsi que l'existence extraordinaire des blocs lavés par la mer, indiquent le soin avec lequel ces travaux ont été faits, et que les matériaux avaient été bien choisis et bien préparés, surtout la chaux.

Les pierres de taille, très rares dans ces ruines, se retrouvent en abondance dans les cimetières que les Maures ont établis au nord du fort. Il y en a de très belles qui témoignent du luxe apporté dans la construction de certaines parties de cette forteresse.

Cimetières. — Ces cimetières se divisent en trois groupes principaux. Le groupe du Sud ne renferme que de petites pierres de taille. La plupart des sépultures sont marquées au moyen d'un rectangle formé par des pierres de grès brut arraché aux roches voisines ou aux ruines du fort. Les autres cimetières renferment les plus belles tombes. C'est là qu'on voit les plus grandes pierres de taille.

Villages. — Le gros du village composé de 18 cases éparpillées au hasard est situé devant le fort à l'ouest. Il se prolonge en descendant dans une anse contigue à l'escarpement nord du fort.

Le genre de construction de ce village indique assez qu'il sert d'habitation à des pêcheurs. Les murs des cases sont faits avec des algues marines ou varech. Ils sont maintenus par quelques pierres prises dans les ruines du fort et par de petits piquets sur lesquels s'appuient de petites branches destinées à supporter de vieux filets de pêche, qui reçoivent une dernière couche de varech formant la toiture. Une porte est ménagée dans ces cases. Elle est basse et généralement fermée par une natte en roseaux.

Les cases elles-mêmes peu élevées dépassent rarement 2 mètres et aucune n'atteint 3 mètres de hauteur. Elles ont la plupart 2 mètres de largeur sur 4 mètres de longueur.

Chaque case est entourée du côté de la porte par un petit mur très bas en algues marines consolidé avec des pierres. Ces murs forment avec la case une espèce d'enclos. Un petit espace carré de 5 mètres de côté, entouré d'un mur d'un mètre de hauteur sert de mosquée. Cette mosquée est située entre le fort et le village.

Au milieu d'un emplacement situé au centre du village gît un vieux canon de fer, qui a probablement grondé plus d'une fois dans de nombreux combats dont il marque la place.

Le village paraissait abandonné depuis un mois (avant le 15 Septembre 1860) à en juger par quelques indices dont le plus certain était la fraîcheur présumée des traces de chameaux trouvées en différents points de la saline et de ses abords. Les empreintes remarquées ont été produites évidemment après les pluies de l'hivernage.

Citernes. — Les citernes sont ce qu'il y a de mieux à Arguin. Bien que considérablement détériorées par le temps, par le défaut d'entretien et surtout par les Maures. Elles n'en conservent pas moins la marque d'un travail remarquable. C'est avec raison qu'on attribue leur établissement aux Portugais dont l'énergie tenace et opiniâtre sut rendre habitable un endroit aussi aride.

Il ne reste plus de traces de la citerne du fort ; mais il existe dans l'île deux citernes à environ un demi kilomètre à l'ouest des ruines de cette citadelle. Elles sont situées au milieu d'un plateau déprimé vers son centre comme un entonnoir très évasé. Cette disposition du terrain est favorable à l'alimentation des citernes par les eaux pluviales. Ces eaux peuvent en outre s'infiltrer dans le sol qui est formé de couches stratifiées de grès parallèles à la surface supérieure et arriver encore par ce moyen dans l'une des deux citernes.

La plus grande citerne, qui devait être superbe est dans un état déplorable. Il eut été pourtant bien facile aux Maures de la conserver en bon état. Actuellement elle présente l'aspect d'un puits énorme ayant une forme ovale d'un diamètre moyen de quinze mètres.

Cependant il existe encore du côté de l'est quelques marches creusées dans le roc qui indiquent la place d'un bel escalier qui devait donner accès à cette citerne. A l'ouest, le roc surplombe et quoique le niveau de l'eau fût très élevé, on apercevait les traces d'une voûte creusée par la main de l'homme. La citerne, malgré les décombres qui l'obstruent, était donc probablement plus grande qu'elle ne paraît. La profondeur de l'eau était de plus de deux mètres et on peut évaluer à près de cinq cents mètres cubes la quantité d'eau qui s'y trouvait (le 15 Octobre 1880). Mais il faut observer que l'hivernage a été très pluvieux cette année.

Autour de la citerne se trouve un bourrelet de terre et de roches provenant probablement des déblais faits en la creusant.

La petite citerne est située à une centaine de pas au nord de la grande. Elle offre sur une plus petite échelle les mêmes vestiges que l'autre. Son diamètre moyen est de huit mètres.

L'eau était fort bonne dans les deux citernes ; cependant elle paraissait très claire et très limpide dans la petite citerne. Dans la plus grande, au contraire, la surface supérieure était recouverte d'une couche de mousse verdâtre pareille à celle qui se produit dans toutes les mares d'eau stagnante.

On conçoit que ces deux citernes qui donnaient au moins mille mètres cubes d'eau par année lorsqu'elles étaient neuves, pouvaient fournir de l'eau non seulement à la garnison et aux caravanes, mais à une population assez grande qui était venue s'établir dans l'île sous la protection du fort.

Historique. — La création d'Arguin est due au désir qu'eurent les Portugais d'étendre leurs relations commerciales au sud de leurs possessions d'Afrique.

Le fort d'Arguin, fondé en 1444, un an après la découverte de l'île par Nuno-Tristao (1443), ne fut réellement commencé qu'en 1448 par l'infant don Henri. C'est à lui qu'on attribue les autres établissements commerciaux créés par les Portugais à cette époque dans le Maroc et même dans l'Adrar ; le roi Alphonse (1455) et son successeur Jean II (1482) firent compléter et terminer cette forteresse.

Conquise deux siècles plus tard par les Hollandais (1638), elle leur fut enlevée quelque temps après par les Anglais (1665) et l'année suivante reprise par les Hollandais.

Le commerce d'Arguin, peu considérable d'abord, prit peu à peu une assez grande importance. Mais c'est sous la domination hollandaise qu'il atteignit son apogée. Les Hollandais surent mieux que leurs prédécesseurs s'attacher les populations maures.

Les témoignages historiques établissent d'une manière irrécusable la sympathie des Maures pour les Hollandais dont ils furent toujours les fidèles et dévoués alliés.

La prospérité de cette colonie hollandaise la fit devenir l'objet de la convoitise générale de toutes les puissances maritimes. On s'explique ainsi pourquoi elles se sont disputé pendant si longtemps sa possession (1638 - 1724).

Les Français ne firent pas moins de quatre expéditions pour s'en assurer la possession, qui leur fut contestée à diverses reprises par la Hollande et surtout par l'Angleterre.

Les Français furent les premiers qui détruisirent ce fort, parce que la compagnie qui exploitait alors le commerce du Sénégal n'était pas en état de faire les dépenses nécessaires pour réparer ce fort et y entretenir une garnison pour le défendre.

Rebâti par les Hollandais, Arguin resta debout pendant les alternatives de possession hollandaise et française.

Pendant la domination anglaise, il fut interdit de commercer à Arguin. Les Anglais voulaient concentrer toutes leurs opérations commerciales, sur le Sénégal où les Trarza prirent l'habitude d'apporter leurs gommes.

C'est à cause de ces raisons que, depuis cette époque, Arguin a été complétement abandonné, malgré la conquête du Sénégal par les Français en 1779 et leur reprise de possession en 1813.

Aujourd'hui il ne reste pas pierre sur pierre de cette fameuse place abandonnée depuis plus d'un siècle. Les Maures, plus que les ravages du temps, ont contribué à sa complète destruction. Ils n'ont probablement pas voulu conserver les vestiges d'une domination étrangère.

EXTRAIT

DU VOYAGE DE SAINT-LOUIS AU PORT DE TOMBOUCTOU

par Mr E. CARON, Lieutenant de Vaisseau

Pages 344/47 (Conclusion).

Certains mêmes des produits qui alimentent le trafic de Tombouctou, tels l'ivoire et les plumes d'autruche proviennent de la Doventza, du Hombouri, du Gilgodi, états dépendant du Macina. On y trouve encore des gommes de différentes qualités, du caoutchouc, du karité, du coton, de l'indigo, le mil, le riz et le maïs y poussent en abondance et l'on y cultive aussi le blé. Les troupeaux s'y comptent par milliers, tant de bœufs que de moutons, fournissant des laines et des peaux à vil prix : enfin l'élevage des chevaux s'y pratique sur une assez grande échelle.

Le Macina se termine non loin de Tombouctou, en même temps que commence le pays des Touaregs dont cette ville est en réalité la sujette. A l'intérieur règne l'anarchie par suite de la lutte des partis, Armas, Kountahs, Pouhls et marchands. Tombouctou n'est qu'un entrepôt, un lieu d'échange des produits nègres, tels que la gomme, l'or, les peaux, les plumes d'autruche, l'ivoire, contre des étoffes et des pacotilles européennes. Presque tout le mouvement commercial, qu'il ait lieu par caravanes ou pirogues, se passe entre le Macina au sud, le Maroc et la Tripolitaine au nord. *Saint-Louis* du Sénégal *n'y prend qu'une faible part.*

Je conviens donc que dans *l'état actuel*, le Niger moyen rapporte peu de chose à la France. Le contraire serait même surprenant, étant donnée la situation politique des contrées que baigne le Niger : mais telle n'est pas la question et il s'agit de savoir si le pays pourra rapporter et atténuer les dépenses d'occupation du Haut-Sénégal.

Il est difficile d'évaluer le commerce de Tombouctou ; ce qu'il y a de certain c'est qu'il enrichit les Maures et satisfait l'avidité des Touaregs. Notre consul à Mogador estime à 600.000 ou 700.000 fr. une seule caravane venant de cette ville. On conviendra que si nous enlevions au Maroc, ou plutôt aux Anglais, le monopole des plumes d'autruche, de l'ivoire, de l'or, des peaux de luxe, marchandises peu encombrantes, susceptibles de supporter des frais de transport assez considérables, nous aurions déjà obtenu un résultat rémunérateur ; mais ce ne sont pas les seuls produits susceptibles d'être exploités. Au premier rang nous plaçons les gommes du pays de Tombouctou, qui ne vont pas à nos escales de Bakel et de Médine. J'ai même lieu de croire qu'une certaine quantité ne trouve pas de débouché! A côté de la gomme on peut citer le caoutchouc, l'indigo, le coton la laine, les peaux communes et le karité.

Nous avons dans la République Argentine, un merveilleux exemple de ce que peut produire l'industrie pastorale et de la fertilisation des terres vierges par les grand troupeaux de bœuf. Le bétail ne manque pas au Macina et, ce qui tendrait à prouver que son sol est bien meilleur que celui de la pampa, c'est que les moutons y vivent déjà, tandis qu'ils ne peuvent exister dans les terres vierges de la Républiques Argentine qu'après une première fumure naturelle faite par les bœufs.

Pour être d'un bon rapport en France, le beurre de karité devrait y être vendu, tous frais de transport payés, au prix de 0.70 le kilo, à peu près ce que je l'ai payé à Sansandig ; mais si l'on augmentait la production du karité, son prix ne tarderait pas à baisser et, il n'y a rien d'impossible à cela puisque l'arbre à beurre pousse naturellement et vit sur les bords du Niger. Le karité n'y est devenu plus rare que par suite des incendies que l'indigène insouciant laisse développer au-delà des lougans nécessaires. C'est ainsi que les forêts disparaissent et qu'avec le déboisement le nature du climat et du sol se transforme. Là où l'homme n'a mis en usage ni la hache ni le feu existe une végétation splendide, *même quand le sol est rocailleux*, comme dans le défilé du Balou. D'ailleurs on a reconnu que le karité pouvait donner, par incision, de la gutta-percha, matière devenue rare sur les marchés européens. Tels sont les principaux produits, les uns immédiatement exploitables, les autres dans l'avenir, qui pourraient alimenter le commerce dans le Haut Sénégal, en échange d'objets européens semblables à ceux qu'importent le Maroc et Tripoli ou qui ont cours à Sansandig. *Le difficile est de les y faire arriver*, par suite de l'habitude qu'ont prise les indigènes d'aller à Tombouctou.

Page 268.

Dans l'ouest de Tombouctou, à dix jours de marche, se trouve le village de Oualata ou Byrou, où l'on fait principalement le commerce de sel contre de l'or, des pagnes ou de la guinée venant de St-Louis du Sénégal. On se rend de Tombouctou à Oualata, soit en passant par Goundame le long du marigot, à travers le pays des Eguilades, soit directement par un chemin à peu près désert, mais sûr. On va alors à Aribônhon, sorte de lac où campent habituellement les Maures, et l'on y fait provision d'eau pour gagner la montagne de Dara ; là on peut rencontrer des Maures et leur demander de l'eau. Dara est à deux jours à l'est de Oualata et doit être assez élevée, puisque les indigènes disent qu'on semble ensuite descendre dans un puits.

Byrou a pour chef Mahmoud Mohamoud, de la tribu des Masdouf, qui va quelquefois à Médine ; il laisse alors comme percepteur de ses droits à Oualata, son captif Kédid. Dans l'ouest d'Oualata se trouve l'oasis de Tichitt, sur la route de Tombouctou, au banc d'Arguin, *une des plus courtes certainement pour arriver à la côte.*

EXTRAITS

DE LA REVUE DE GÉOGRAPHIE

DIRIGÉE PAR

M. Ludovic DRAPEYRON

Documents concernant l'Expédition africaine Nord-Ouest projetée par les Anglais [*]

A M. Ludovic Drapeyron, Directeur de la REVUE DE GÉOGRAPHIE

Le Havre, le 22 Juin 1881.

Monsieur,

Le but de ces lignes est de vous soumettre la traduction que je viens de faire d'un mémoire publié en Angleterre, invitant cette nation à examiner la possibilité de l'inondation d'une partie du Grand Désert.

Cette question n'a pas trouvé d'écho en France. Elle devrait pourtant y exciter le plus vif intérêt, à cause de l'Algérie et du Sénégal.

Je vous envoie également la traduction d'un article qui a paru dans le journal le *New-York Herald* du 30 Mai 1881 et qui donne des nouvelles de l'expédition sus-mentionnée. Il serait vraiment bien dommage que la France se laissât enlever ses communications naturelles entre l'Algérie et le Sénégal.

Déjà, en 1865, le gouvernement français a eu connaissance de

---

[*] Juillet 1882, page 55.

ce plan ; il en a été informé de nouveau en 1875, en 1880 et en 1882.

Etendre la domination française depuis le Sénégal jusqu'à l'embouchure de la rivière le Wâd Draa, voilà ce qu'il faudrait se hâter de faire avant que le drapeau anglais n'y fût arboré pour toujours.

Espérant que vous trouverez moyen de faire paraître une partie de ce qui suit dans votre *Revue*, je vous renouvelle, Monsieur, l'assurance de ma haute considération.

Ernst BUNGE.

1° MÉMOIRE PUBLIÉ A LONDRES EN 1875.

L'objet de l'expédition africaine nord-ouest est (*) :

1° D'établir une station commerciale à l'embouchure de la rivière Belta dans le voisinage des caps Juby et Bojador, sur la côte africaine nord-ouest, en face des îles Canaries ;

2° De faire une exploration provisoire de la route entre le cap Bojador sur la côte Atlantique et le coude nord de la rivière le Niger à Tombouctou dans l'intérieur des terres, dans le but de creuser un canal devant servir comme voie commerciale avec l'Afrique centrale.

La grande importance d'une route commerciale se dirigeant vers l'intérieur de l'Afrique est comprise de tout le monde. Le revenu qui résulterait d'une pareille entreprise serait immense et les bienfaits qui en découleraient pour les naturels seraient également considérables, car aujourd'hui ils sont privés de tout rapport direct avec l'Europe.

Pareille route développerait et ouvrirait les immenses ressources de ce vaste continent au monde civilisé et commercial.

Suivant l'autorité de voyageurs africains célèbres, la route du canal projeté n'offre aucun obstacle sérieux, et le caractère physique du Grand Désert, le Sahara, à cet endroit, favorise même

---

(*) *Le Comité se compose de* : MM. le major-général sir Arthur Cotton, R. N. Fowler, le major Cooper Gardiner, le lieutenant-colonel P. R. H. Drummond Hay, le capitaine Henry A. Moriarty, et Donald Mackenzie, directeur.

le projet ; car, la distance entre l'embouchure de la rivière Belta et le coude Nord du Niger à Tombouctou est seulement d'environ 740 milles anglais, dont 630 milles traversant la grande dépression nommée El Tiris et El Yuff.

L'existence en est prouvée par Caillié, Riley, Docteur Barth, Boul-el-Maghdad, Panet et autres et on la suppose être environ 250 pieds anglais au-dessous du niveau de l'Atlantique ; aussi, dans des temps non éloignés, a-t-elle dû être recouverte par la mer. Cette contrée, fortement déprimée, est bordée au nord par les montagnes de l'Atlas ; à l'est, par un plateau qui s'étend du nord au sud ; au midi, par les versants qui bordent les rivières le Niger et le Sénégal ; à l'ouest, par une région de dunes de sables à travers lesquelles passe une étroite vallée, connue sous le nom de rivière Belta.

Ce lit de rivière desséché forme l'ouverture de la grande dépression El Tiris et El Yuff, a une largeur d'environ 10 milles et se trouve de plusieurs pieds au-dessous du niveau de la mer.

Un grand banc de sable, à son ouverture, empêche les eaux de l'océan Atlantique d'y entrer.

Donc, tout ce qu'il y aurait à faire serait de couper un canal d'environ 5 milles de longueur pour faire couler l'Atlantique dans ce vaste et aride bassin.

La belle nappe d'eau ainsi produite améliorerait le climat comme on en a eu la preuve à Suez.

Le pays tout autour deviendrait propre à des pâturages et à l'agriculture et le commerce pénétrerait d'un bond dans le cœur de l'Afrique.

Le coût de ce canal serait très modéré et serait bien vite remboursé par le commerce qui s'y établirait avec l'intérieur, car cette station deviendrait la plus importante de l'Afrique à cause de sa proximité des grands marchés européens, la distance de Portsmouth n'étant que de 1500 milles.

Un voyage qui, aujourd'hui, prend des mois à travers le désert et qui est hérissé de dangers, pourrait alors se faire en trois jours avec facilité et sécurité.

Un joint avec la rivière le Niger est donc de la plus grande importance commerciale.

Il commanderait non seulement le commerce entier avec les populeuses cités qui bordent le Niger et les contrées avoisinantes, remplies de peuplades, mais il dominerait aussi le commerce des grands affluents du Niger jusqu'au lac Tchad, ouvrant ainsi une route commerciale et directe avec environ 20 millions d'habitants, qui jusqu'ici ont été pour ainsi dire privés de tout commerce, et deviendrait de plus l'intermédiaire commercial entre l'Afrique centrale nord et les régions populeuses de Tafilet et du Touat.

2° EXTRAIT DU « NEW-YORK HERALD » DU 30 MAI 1881.

Donald Mackenzie, en Octobre dernier, est retourné à sa station commerciale récemment établie à l'embouchure du Sakiet el Hamra près du cap Juby.

Cette factorerie anglaise est décrite comme un fort armé de canons et contenant plusieurs ouvrages en briques.

Une jetée a été construite et un petit bateau à vapeur entretient la communication avec les îles Canaries.

Des rapports commerciaux ont été établis avec Adrar, Wad-Noun et autres places de l'intérieur, et le commerce y devient important.

On dit que le sultan du Maroc et les autorités espagnoles regardent cette colonie avec méfiance.

Il y a quelques mois un navire de guerre français a débarqué quelques personnes près du cap Juby pour y faire des sondages et lever des plans.

(Traduction de M. Ernst Bunge).

Exploitation du désert, côte ouest de l'Afrique — Création éventuelle d'une mer intérieure par une société coloniale française. (')

La France possède deux colonies africaines qui sont destinées à un grand avenir, mais pour assurer à *elle seule* les avantages commerciaux qu'elles offrent, il faut que les frontières de ces colonies soient reculées.

Ce qui a été fait pour l'Algérie en Tunisie doit aussi l'être du côté du Sénégal.

La côte africaine depuis Saint-Louis (site bien malsain) jusqu'au Wad Draa offre un accès relativement facile vers l'intérieur de l'Afrique. C'est pour ainsi dire une immense porte dans un climat pas trop chaud par où l'on peut attirer le commerce du Sénégal, du Niger, du Maroc, ainsi que du Sud de l'Algérie.

Sur cette côte on peut établir des stations commerciales et militaires aux bords des rivières Wad Draa, Sakiet el Hamra, Belta Ouro et autres pour de là rayonner vers l'intérieur.

On y prendrait de plus possession du sol, à l'effet d'y cultiver le blé, la canne à sucre, le café, le coton, l'indigo, le maïs, l'orge, le tabac, le thé, la vigne et tant d'autres produits pour lesquels la France est tributaire des colonies étrangères.

L'émigration européenne y serait facile à attirer, car le voyage est court et on pourrait la grouper autour de points intelligemment choisis, où elle trouverait du terrain à bon marché que la société à former lui cèderait

Vers l'intérieur, dans la direction de Tombouctou, existe une grande dépression de terrain indiquée sur toutes les cartes, et qui, d'après des évaluations autorisées, a une profondeur de 2 à 300 pieds au-dessous du niveau de l'océan Atlantique.

Cette mer desséchée peut sans doute être rendue à la navigation et faciliterait ainsi l'action vers le grand intérieur de la France africaine.

(') Novembre 1883, page 369.

Dans la description de son voyage, M. le docteur Lenz, a constaté une assez forte dépression de terrain près de Taodenni (voir *Revue de Géographie*, mai 1881, page 378, ligne 8-13) ; cependant il ne croit pas que le plan anglais d'inonder le désert soit praticable.

Ce jugement cependant n'a pas de base assurée.

Où trouver un savant, qui, en arrivant à Vienne (Autriche), oserait au débotté dire *ex abrupto* avec *certitude* qu'il se trouve à tant de mètres au-dessus du niveau de la mer ?

Plus téméraire encore serait-il de certifier *sans s'y être rendu* que le niveau de Paris doit être de tant de mètres au-dessus de l'Atlantique.

Tel est comparativement parlant le cas du docteur Lenz, car il n'a fait que contourner le grand bassin El Yuff, appelé le cœur du désert, et la distance de Taodenni à la mer, égale celle de Vienne à l'Océan.

L'abaissement du niveau constaté par le célèbre voyageur n'est-il pas le commencement de la vaste dépression vers l'Ouest indiquée sur toutes les cartes ?

Car, d'où tirer la preuve que cet abaissement s'arrêtait là où le docteur Lenz a passé se dirigeant vers le Sud et laissant l'Ouest inexploré ?

Pour vérifier la possibilité d'inonder une partie du désert, il faudrait partir du bord de l'Océan, surtout dans les environs du cap Bojador vers Semour, un marais salé.

Il existe là un bas-fond dont le niveau par rapport à l'Océan sera facile à constater ; on décidera alors si le désert est submersible, oui ou non.

En tout cas, *l'attention de l'Angleterre* s'est portée vers ledit endroit, car une colonie ou factorie à été fondée au bord du Sakiet el Hamra par les hommes qui, en 1875, ont proposé à l'Hôtel de Ville de Londres, dans un grand meeting, l'inondation du désert.

Il appartient à la France *d'empêcher l'Angleterre* de disloquer son empire colonial africain et de s'y établir militairement en garantissant la possession de cette côte et de ses îles à une compagnie française.

Qui tient la côte tient tout l'intérieur et tout le commerce du pays, et, comme il n'y a ici rien à conquérir et seulement quelques forteresses à construire, une expédition de 2.000 hommes paraît suffisante car les peuplades nomades y sont peu nombreuses et la soumission de ses chefs ne sera pas bien difficile à obtenir.

L'Algérie aurait un port sur l'Océan dont l'accès resterait aux mains de la France, *si elle sait agir à temps.*

ERNST BUNGE.

Réfutation d'une critique de l' « Athenaeum » (*)

Le Havre, 20 Mars 1883.

Monsieur le directeur,

Votre estimé collaborateur, M. Richard Cortambert, dans votre livraison de Janvier de cette année, appelait mon attention sur une critique de l'*Athenæum* de Londres, concernant mon idée d'exploitation et d'inondation d'une *partie* du grand désert africain, idée à laquelle vous avez bien voulu accorder l'hospitalité (juillet et novembre 1882).

Je me suis donc procuré l'*Athenæum* du 23 décembre 1882, curieux de connaître dans son entier la critique en question.

Suivant le conseil que veut bien me donner l'illustre journal anglais, j'ai lu et relu plusieurs fois l'article qu'il cite de M. Gatell, et qui a été publié par la Société de Géographie de Paris, en octobre 1869.

Je ne crois pas que, suivant l'opinion du savant collaborateur de l'*Athenæum*, on puisse, dans cette étude, trouver des arguments contre mon projet (je dis bien *mon* projet, car M. Mackensie, en 1875, n'a fait que travestir une idée que j'avais déjà soumise à la France en 1865). Voici en effet ce que j'observe :

(*) Mai 1883, page 374.

1° M. Gatell n'a exploré la côte du Maroc que jusqu'au 27e degré environ de latitude nord et il ne dit absolument rien quant à la région qui, de là, s'étend jusqu'au 20e degré de latitude nord. De plus, il ne s'est éloigné que fort peu de la côte.

2° Le fameux argument que toutes les rivières de la côte s'inclinent vers l'Océan n'est guère applicable à la dernière que M. Gatell a explorée et dont il dit à la page 272 :

« La Seguia-Elhamra est semblable par sa largeur et sa profondeur au Drâ, mais son lit et ses deux bords sont couverts de sable et elle n'a d'eau qu'à *une longue distance de la mer* : cette eau se perd dans les sables ».

A cet endroit donc, le désert me paraît être décidément à peu près au même niveau que l'Océan, et *l'idée de M. Mackensie* quant à la rivière Belta, qui sans doute est identique avec la Seguia-Elhamra, se trouverait plutôt confirmée que réfutée par les renseignements que nous fournit M. Gatell.

3° Que le critique de l'*Athenæum* veuille bien se rendre en Hollande, il y verra des rivières se jeter dans la mer, tandis que le pays qu'elles traversent est sensiblement plus bas que cette même mer.

J'avais pensé trouver un ouvrage donnant des niveaux sûrs, basés sur des observations et des relevés de hauteurs assez loin dans l'intérieur vers Tombouctou.

Mais rien de tout cela : je n'y rencontre pas la moindre preuve que le *cœur du désert El Djuff*, indiqué sur toutes les cartes comme formant une grande dépression de terrain, soit au-dessus du niveau de l'Océan et qu'il soit impossible à l'aide *d'un canal* d'y faire rentrer la mer.

Finalement je ne puis qu'engager de nouveau vos compatriotes à ne pas perdre de vue la côte nord-ouest de l'Afrique depuis le Sénégal jusqu'au Wad Draa. C'est pourquoi, laissant de côté la question de la création d'une mer, j'en aborde une autre. Il n'y a pas de doute que, prenant pour base la côte susnommée, vos voisins pourraient, en très peu de temps, construire des chemins de fer tant vers l'Algérie que vers Tombouctou et le Niger et enlever ainsi à la France tout le mouvement commercial qui constitue la raison d'être de vos colonies de l'Algérie et du Sénégal.

Cette entreprise serait bien autrement facile à réaliser que le Transsaharien et pourrait être rendue très alléchante et lucrative, en la basant, comme aux États-Unis, sur des concessions de terrains tout le long de la ligne.

Au point de vue militaire, l'annexion de la côte nord-ouest consoliderait la défense de vos deux colonies.

Veuillez agréer, Monsieur le directeur, l'assurance de mes meilleurs sentiments.

ERNST BUNGE.

L'Avenir de la Presqu'île de l'Ouro — Côte Nord-Ouest de l'Afrique. (*)

L'article du Journal américain le *New-York Herald*, du 30 mai 1881, concernant la station commerciale de M. Mackensie, dont la traduction a paru dans la *Revue* de juillet 1882 (p. 57) a reçu une confirmation éclatante.

L'Espagne a fini par s'émouvoir sérieusement : elle a pris possession de Santa Cruz de Mar Pequena, sur la côte nord-ouest de l'Afrique.

Cependant, un des plus beaux ports naturels que possède l'Afrique reste comme une perle oubliée au fond la mer. Quelle est la nation européenne qui, la première, saura en faire son profit ? Un avenir peu éloigné nous le dira sans doute, car l'Afrique, comme jadis l'Amérique, est aujourd'hui le point de mire de tous les peuples de la terre ; chacun veut y avoir des colonies afin de procurer des débouchés à son industrie.

Je veux parler du bassin de la rivière Ouro et de la presqu'île qui la contourne, situées précisément sous le tropique du Cancer.

Cette presqu'île, n'est-ce pas là un bon indice ? offre une analogie frappante avec la fameuse île Manhattan, où est située New-York,

---

(*) Mars 1884, page 176.

le plus grand entrepôt commercial du nouveau monde, qui vaut aujourd'hui son milliard, tandis que ses prévoyants fondateurs ne l'avaient payé que 25 francs aux Peaux-Rouges.

Qui sait si une colonie commerciale, établie au point désigné, ne serait point appelée à devenir le premier port du continent africain ?

La carte ci-jointe (*) peut en donner une idée a ceux qui n'ont jamais étudié la côte nord-ouest de l'Afrique.

D'après les renseignements y ajoutés et qui ont été empruntés aux « *Instructions nautiques sur la côte occidentale de l'Afrique* », l'on peut aisément se convaincre que la presqu'île de l'Ouro a été désignée par le nature comme comme un abri pour la marine et un entrepôt pour le commerce.

C'est un point où toutes les nations du monde peuvent venir entreprendre hardiment la conquête civilisatrice du nord de l'Afrique et cela avec la plus grande sécurité, car la défense en est aisée, et le climat, tempéré par le voisinage de la mer, doit y être excellent et, à cause de sa position plus au nord, certainement moins redoutable que celui de Saint-Louis, où la crainte de la fièvre jaune arrêtera toujours l'émigration Européenne.

Nul doute, tout est à créer dans le bassin de l'Ouro ; mais n'avons-nous pas l'exemple si frappant et si édifiant des Etats-Unis qui nous ont prouvé, que par *le seul mobile du commerce*, l'on peut créer des villes importantes, dans l'espace de quelques années, pourvu que leur position géographique ait été bien choisie?

Le bassin et la presqu'île de l'Ouro n'ont-ils pas ce privilège?

L'on objectera peut-être que, pour créer des ports de commerce, il faudrait se placer aux bords d'un grand fleuve et que l'Ouro n'en est pas un, qu'il n'a qu'un très petit parcours.

Mais les chemins de fer ne l'emportent-ils pas sur les fleuves comme voies de transport dans l'intérieur d'un pays?

La ville de Chicago, aux Etats-Unis, ne doit-elle pas en grande partie son étonnante grandeur et sa prospérité commerciale au fait que *seize* lignes de chemins de fer viennent y aboutir?

Placés aux bords de la grande route internationale qui relie

(*) Nous renvoyons nos lecteurs à la carte n° 1854 (*Dépôt de la Marine*).

tous les peuples du monde, le bassin et la presqu'île de l'Ouro sont de plus aux portes de l'Europe, tandis que par terre ils ne se trouvent être qu'à quelques jours de marche de routes se rattachant aux grandes voies commerciales qui sillonnent l'Afrique du nord.

Selon toute apparance, l'on pourra à proximité créer une grande mer intérieure et supprimer ainsi le cœur du désert, le grand bassin El Yuff, ce fléau de l'Afrique.

Mais, avant que cette idée ait conquis l'opinion publique et l'attention des capitalistes, la colonisation de la côte, depuis le cap Djebi jusqu'à Saint-Louis, devra être entreprise et sans doute elle pourra donner bien vite des résultats surprenants.

L'Europe encombrée déverse son trop plein de population de préférence sur les Etats-Unis. Pourquoi donc l'Afrique est-elle négligée ?

C'est que l'Européen y manque de guide et surtout de protection militaire ; mais si la France voulait bien étendre son organisation civile et militaire du Sénégal jusqu'en Algérie, tout d'abord, et, en longeant la côte depuis Saint-Louis jusqu'au cap Djebi, puis par un chemin de fer stratégique, vers l'oasis de Touat, et se subordonner les populations de ces contrées par des traités et des protectorats, certes l'émigration européenne se déverserait abondamment sur cette partie de l'Afrique et ne tarderait pas à y créer des débouchés énormes dont l'industrie a un si pressant besoin.

On y verrait surgir des plantations de café, de coton, de sucre et autres produits, comme jadis au Brésil, en Louisiane, à la Havane, et cela sans avoir besoin comme autrefois de recourir à la traite.

Le nègre en *nombre illimité* est à sa portée. Il n'y aura qu'à l'instruire et surtout à le stimuler par les besoins qu'engendre la civilisation chrétienne.

Nous extrayons les passages suivants des *Instructions nautiques* sur la côte occidentale d'Afrique.

Rivière Ouro. — Au sud de la falaise Déception et au-delà de la côte, on peut, de la mâture, apercevoir le bassin de la rivière Ouro, séparé de la mer par une presqu'île d'environ 20 milles de long, qui se termine à la pointe Durnford. L'entrée du bassin Ouro a 4 milles de largeur, mais elle est presque entièrement barrrée par un grand banc de sable qui vient de la terre ferme et par plusieurs plateaux de roche avec trois mètres de fond au plus. La partie navigable du canal n'a pas plus d'un demi-mille de large et gît au côté ouest de l'entrée, à 1 mille 1/2 environ de la pointe Durnford ; il traverse la barre avec 3^{m}66 de fond au moins, *à mer basse*, et conduit à contourner une longue pointe-épi de sable saillante dans l'est de la presqu'ile après quoi, il augmente rapidement en largeur et en profondeur et pénètre dans un beau bassin, où l'on a un bon fond, sur une largeur de 1 mille ou 2 d'un banc à l'autre ; ce bassin à 7 à 8 milles de longueur du nord au sud, avant d'atteindre les petits fonds.

Marées. — L'établissement du port est 12 heures ; la mer ne marne pas plus de 2^m,44 dans les syzygies, (il y a donc 6^m,10 d'eau sur la barre, E. B.). Au large de l'entrée, le flot porte à l'est a peu près le jusant à l'ouest avec un vitesse de 2 milles. En dedans de la barre, la vitesse est de 2 milles 1/2. Sur la barre et les hauts le courant atteint une grande vitesse et produit des brisants qui en signalent les parties dangereuses.

Nous nous sommes étendu sur la description du bassin d'Ouro parce que cette baie ou rivière, comme on voudra l'appeler, offre un excellent abri contre les vents de l'ouest au nord-ouest. Elle est très poissonneuse et très fréquentée par les Islenos. Les pêcheurs canariens redoutent cependant beaucoup les maures nomades qu'on y rencontre fréquemment.

Ils appartiennent aux tribus des Wadilims ou Wadbesebas, qui errent dans le désert depuis le cap Blanc jusqu'au cap Bojador. Ces Maures sont perfides et féroces.

Lorsqu'ils trouvent une occasion de surprendre une barque sans défense, ils font main basse sur l'équipage et sur la cargaison, après avoir endormi la défiance par des démonstrations amicales. Ces indigènes s'établissement d'ordinaire sur la presqu'ile. Il est fort rares que les Islenos se laissent prendre à leurs pièges ; il est rare également que leurs barques se perdent à la côte.

Ernst Dunöe.

EXTRAIT

Traduit d'une lettre de M. Donald MACKENZIE

Londres, 19 Decembre 1884.

Je suis retourné d'Afrique en Angleterre au mois de Mai et suis heureux de pouvoir dire que nous avons établi une station commerciale au cap Djebi (Juby).

Nous n'avons pas fait de route vers l'intérieur.

J'ai visité quelques districts de l'intérieur et examiné quelques dépressions de terrain qui paraissent être *au-dessous du niveau de la mer*.

J'espère qu'avec le temps une route commerciale sera établie vers l'intérieur en partant du cap Djebi.

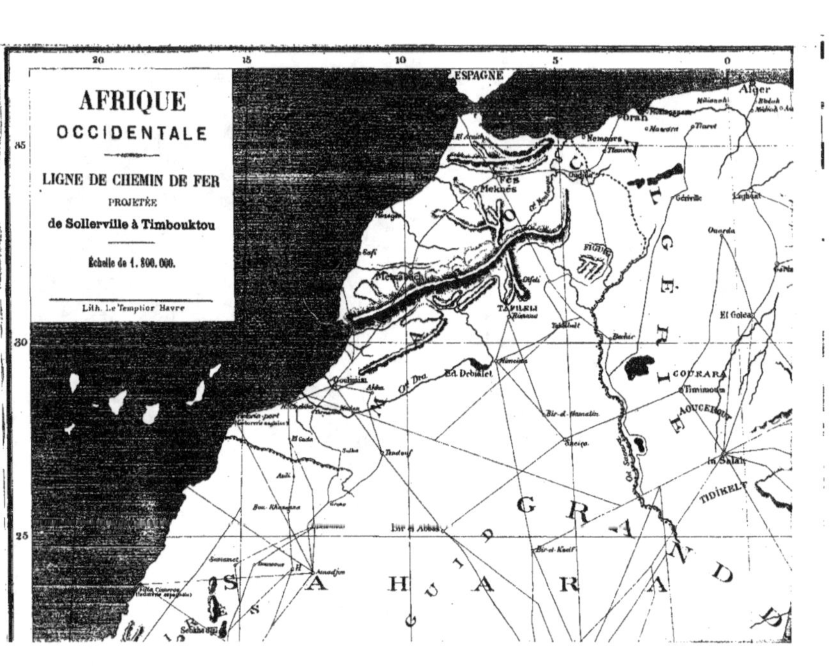

AFRIQUE
OCCIDENTALE
LIGNE DE CHEMIN DE FER
PROJETÉE
de Sollerville à Timbouktou
Échelle de 1.800.000.
Lith. Le Templier Havre
ESPAGNE
Alger
Oran
Nemours
Fès
Meknès
Safi
Mogador
TAFILELT
Goulimin
Goulmine port
H Guda
Aul
Bou-Khamana
Smaramet
Smsrcos
Tindouf
Isr el Abbès
Bir-el-Kasif
El Golea
COUARA
Timimoun
AOUCEROU
In Salah
TIDIKELT
FIGUIG
Gêville
Laghat
Ouarda
SAHARA
GRAND
D

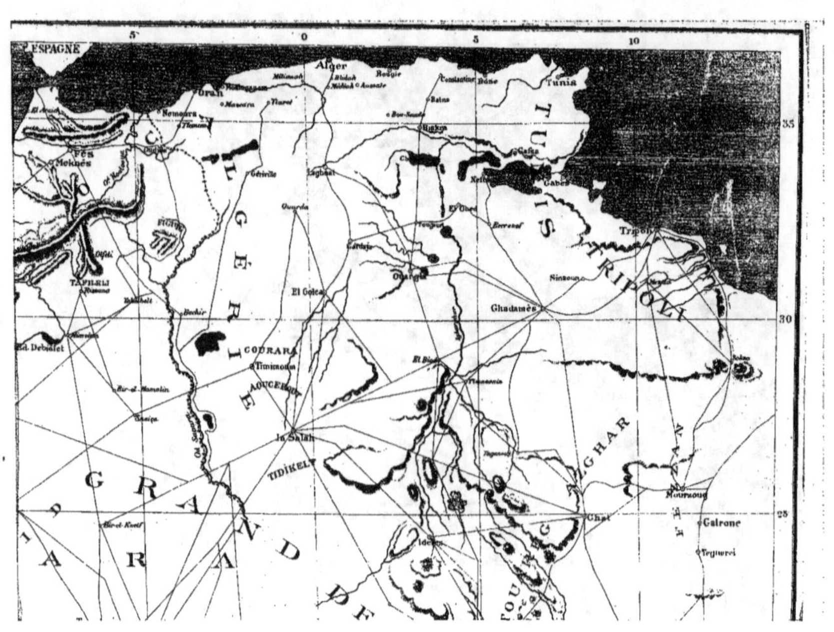

ESPAGNE
Alger
Oran
Milianah
Blidah
Médéah
Aumale
Bougie
Constantine
Bône
Tunis
Tlemcen
Mascara
Tiaret
Bou-Saada
Biskra
El Aricha
Nemours
Gafsa
Gabès
Fès
Meknès
Géryville
Laghouat
Tripoli
Ouargla
El Oued
Touggourt
Cardaia
Ouargla
Sintoun
FIGUIG
El Goléa
Ghadamès
Béchir
GOURARA
El Biod
Timimoun
AOUGEROU
GHAR
Bir-el-Mouzlin
Ichaiya
In Salah
TIDIKELT
Idelès
Mourzoug
Ghat
Galrone
Triguirei
ALGÉRIE
GRAND DÉSERT DE SAHARA
ESPAGNE
5
0
5
10
35
30
25

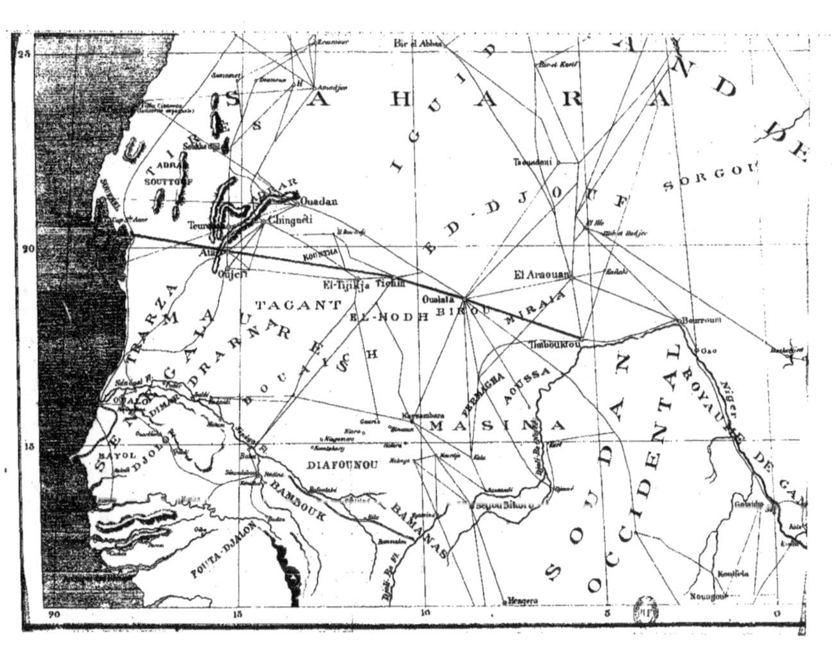

SAHARA GRAND DE
Bir el Abbas
Bir-et Kerif
IGUIDI
ERD-DJOUF
SORGOU
Taoudeni
SAHARA
ADRAR SOUTTOUF
Ouadan
Chinguéti
Teurarem
El Ile
Blah-et Hadjer
Atar
El Araouan
Kounta
Radah
TRARZA
El-Tijikja Tichitt
Oualata
NIRASA
Bourroum
TAGANT
EL-HODH
BIROU
Timbouktou
Gao
DRARNAR
YOUCH
DJEMGRA
AOUSSA
MASINA
SOUDAN OCCIDENTAL
NIGER
ROYAUME DE GAN
SENEGAL
Karsambara
Nioro
BAYOL
DJOLOF
DIAFOUNOU
Nedine
BAMBOUK
BAKANAS
Galaido
FOUTA-DJALON
Mengera
Noumigou
Koulikia

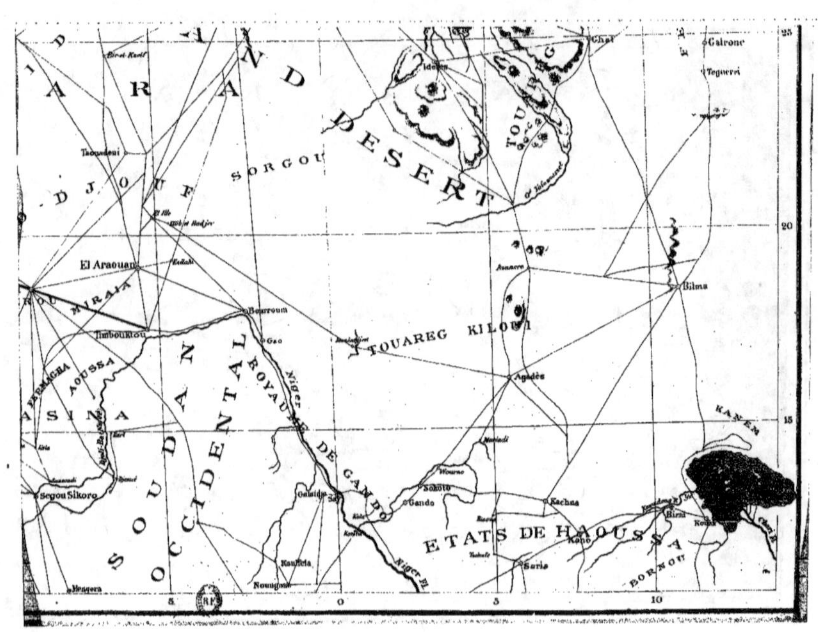
GRAND DESERT
SAHARA
DJOUF
SORGOU
Bir-et-Kedi
Taoudeni
El Araouan
ROU MIRATA
Timbouktou
ASSINA
IDERMICHA
AOUSSA
SOUDAN OCCIDENTAL
Segou Sikoro
Meagera
Tedeli
Bourroum
Gao
ROYAUME DE GANDO
Galaide
Kandela
Nougou
Niger
Niger
Idelas
TOU
ST Salomoat
Boulkaipot
TOUAREG KILOUI
Agades
Maradi
Woume
Sokoto
Gando
Kano
Kachea
Zaria
ETATS DE HAOUSSA
Sarie
BORNOU
Ghat
Galrone
Teguerri
Asaacre
Bilma
KANEM
Bird
Kako
Tchad
25
20
15
10
5
0
5
10